Unter der großen Buche

Herbert Zimpel

UNTER DER GROSSEN BUCHE

Lyrische Betrachtungen

Engelsdorfer Verlag

Leipzig

2017

Bibliografische Information durch die
Deutsche Nationalbibliothek:
Die Deutsche Nationalbibliothek verzeichnet diese
Publikation in der Deutschen Nationalbibliografie;
detaillierte bibliografische Daten sind im Internet
über http://dnb.dnb.de abrufbar.

ISBN 978-3-96008-866-0

Copyright (2017) Engelsdorfer Verlag Leipzig
Alle Rechte beim Autor
Hergestellt in Leipzig, Germany (EU)
www.engelsdorfer-verlag.de

9,95 Euro (D)

Inhalt

Lyrikbuche 9

Die Flut der Zeit 11

Abendlicht 12

Naturschutz 13

Farbenfroh 15

Luftverschmutzung 16

Schule 18

Das Porträt 20

Ritterspiele 21

Das Eichhörnchen 25

Der Spleen 27

Schwanengesang 29

Wolfgang 30

Wind im Haus 32

Sauberkeit 33

Leiter 38

Wasserstraße 40

Die Forelle 42

Der Archivar 44

Lebenslauf 46

Zeitzeugen 47

Zukunft 50

Erkenntnis 52

Ein Igel 54

Ein fliegender Schwan
Gezeichnet von Anke Zimpel

LYRIKBUCHE

Meeresstrand und Buchenrain
schließen Bad Graal-Müritz ein,
einen Ort besonderer Art ,
wo Heilkraft sich mit Dichtung paart.
Poeten nahmen gerne hier
in alten Zeiten mal Quartier,
auch heute noch, wie man erzählt,
drum hat im Ort man ausgewählt
'ne große Buche, schön gelegen
im Park an Rhododendronwegen
als Treffpunkt für all jene Leute,
die Lyrik lieben hier und heute,
zum Fortsetzen der Tradition,
die sich bewährt seit Jahren schon,
denn an bestimmten Sommertagen
werden Gedichte vorgetragen.
Poeten, die hier Urlaub machen,
präsentieren ihre Sachen.
Tauschen aus sich mit Kollegen,
die im Ort die Lyrik pflegen.
Welche andre Ostseestadt
wohl so etwas zu bieten hat?

Sonnenuntergang bei Graal Müritz

DIE FLUT DER ZEIT

Die Wellen hab' ich nicht gezählt,
die an des Lebens Ufer prallen,
hab' meine Zeit nicht ausgewählt,
ich bin in diese Zeit gefallen.
Gefallen in die Flut der Zeit,
hat mich die Strömung mitgerissen,
rettende Ufer waren weit,
Erfahrung fehlte mir und Wissen.
Der Sturmwind hat sich nie gelegt
und glatter wurden nicht die Wogen,
die Not hat meinen Geist bewegt,
hab' manche Lehre draus gezogen.

Sonnenuntergang bei Prora

ABENDLICHT

Leise sinkt die Nacht hernieder,
hüllt mit sanften Flügeln wieder
Wälder, Tal und Hügel ein.
Mit den Abendwinden fliehen
all' des Tages Leid und Mühen
in Vergessenheit hinein.
Und ein Blick zum Abendhimmel
zeigt uns die Unendlichkeit,
zeugt in uns die große Stille,
wenn auch nur für kurze Zeit.
Große Pläne werden kleiner
in dem sanften Abendlicht,
und Bescheidenheit beleuchtet
unser Tun in neuer Sicht,
lehrt uns, dass zum Vorwärtsschnellen
auch gehört der Widerstand
und, dass wir, wie Meereswellen
eines Tages doch zerschellen
irgendwo an einem Strand.

Schilfufer der Havel bei Caputh

NATURSCHUTZ

Ich habe ein Grundstück, schön gelegen,
zu erreichen nur auf Nebenwegen
an einem See, weit vor der Stadt,
wo man die nötige Ruhe hat.
Doch dieser See, an seinem Rand,
hat einen dichten Schilfbestand.
Und durch das Schilf, da führt ein Weg
zum grundstückseigenen Angelsteg.
Das hohe Schilf schießt sehr ins Kraut
und hat mir fast den Weg verbaut,
drum hab' ich durch das Schilf inmitten
mir einen Zugang frei geschnitten.

Da schaltet sich der Naturschutz ein
und schreibt: Das kann und darf nicht sein,
um Vögel hier nicht zu vertreiben
muss Schilfabschneiden unterbleiben,
Naturschutz hätte ich verletzt,
drum wird 'ne Geldstrafe festgesetzt
in Höhe einer fünfstelligen Zahl
als abschreckendes Warnsignal.
Ich war geschockt und sehr empört,
denn Vögel hab' ich nie gestört,
sie nisten bei mir nach wie vor
in meinem Schilf und meinem Rohr.
Damit der Fall wird dokumentiert,
habe ich einen Vogel-Professor konsultiert.
Als dieser sich den Tatort beschaut,
er seinen Augen kaum noch traut,
denn längs des Wegs, in Schilfes Spitzen,
zwei ganz seltene Vögel sitzen,
ein Vogelpaar der „Roten Liste",
das man seit Jahren hier vermisste.
Die Art hielt man für ausgestorben,
jetzt ist sie zur Sensation geworden
und ausgerechnet hier bei mir
im strafbedrohten Schilfquartier.
Die Behörde wollte sich nicht blamieren,
ließ den Strafbefehl sofort annullieren.

FARBENFROH

Farbenfroh wie die Natur
sei daheim auch Raum und Flur.
Bunt ist auch das Parlament,
das nach Farben sich benennt,
doch „Schwarze" sind hier nicht Afrikaner,
und „Rote" auch nicht Indianer.
Parteizugehörigkeit allein
teilt hier die Parlamentarier ein.
Die Schwarzen sind vorrangig kirchlich fixiert,
die Roten vielmehr sozial orientiert.
Doch mancher Schwarzer bekommt ein rotes
Gesicht,
wenn er sich vor dem Mikrophon verspricht,
und schwarz vor Augen wurde einem Roten
mal schon,
als man diskutierte den Mindestlohn.
Mit gelber Weste sich derjenige drapiert,
der für den Mittelstand plädiert.
Grün symbolisiert die Enthusiasten,
die mit Naturschutz sich ständig befassten.
Geht's im Plenarsaal mal richtig rund,
sagt mancher: Jetzt wird mir es aber zu bunt!
Verlässt des Parlamentes Saal
und tröstet sich im Nachtlokal,
strebt heimwärts erst im Morgengrau
und ist nach allen Regeln blau.

LUFTVERSCHMUTZUNG

Luftverschmutzung ist ohne Frage
eine echte Großstadtplage.
An erster Stelle der Verschmutzer
stehen jene Kraftfahrzeugbenutzer
deren Motor Kraftstoff frisst,
der für die Atmung schädlich ist.
Von blauen Abgasen umhüllt,
sind dann die Straßen angefüllt.
Um Lungen nicht zu überlasten
tragen die Bürger Atemmasken.
Elektroautos deuten an,
wie man es besser haben kann.
Die Zukunft lässt auf manches hoffen,
Erfindern stehen die Türen offen.
Statt unsere Straßen zu vernebeln
könnten Autos doch mal segeln,
zumindest auf den Autobahnen
gäb's dann keine Abgasfahnen.

Ehemalige Gesamtschule von Groß Kreutz, heute Kindergarten

SCHULE

Schulpflicht herrscht in unserem Land,
wo man die Schulpflicht auch erfand.
Hier ist die „Schule" sowohl System
als auch Gebäude, in welches die Schulkinder
geh 'n.
Kein Wunder, dass das Wort Schule auch
ein Schwergewicht ist im Sprachgebrauch,
ob einzeln oder im Verbunde,
die Schule ist in aller Munde.
Schulzeugnisse werden vorgelegt,
Schulgärten von Schülern gehegt und gepflegt..
Auf Schulhöfen werden Schulbrote gegessen,
in der Jugend hat man auf der Schulbank ge-
sessen,
danach eine Hochschule absolviert,
vielleicht dort sogar ein Schullehrfach studiert.
Wer sich eines Autos will bequemen,
muss vorher Fahrschulstunden nehmen.
In Baumschulen kauft man Bäumchen an,
die man schulmäßig aufziehen kann.
Auf Unterricht in Abendschulen manch Streb-
samer schwört,
doch von Nachtschulen hat man noch nie was
gehört.

Portrait des Autors, gezeichnet von Uwe Jung

DAS PORTRÄT

Weil ich ein Kunstliebhaber bin,
ging ich zu einem Maler hin
und sprach zu ihm: Mein lieber Mann,
tun Sie mir doch die Güte an
und stellen dar mich im Porträt,
damit ich mich oft selber seh'.
Der Künstler, davon angetan,
macht sich gleich an die Arbeit ran,
und in diversen Sitzungsstunden
hat die Entstehung stattgefunden,
in Form und Farbe auf der Leinwand ge-
schieht,
was mir tatsächlich ähnlich sieht.
Begeistert ergreif ich das gute Stück,
da hält mich der Maler spontan zurück
und sagt zu mir: Mein lieber Mann,
in dieser Fasson kommt's auf dem Kunstmarkt
nicht an,
wer heute als Künstler will bestehen,
muss völlig neue Wege gehen
und überwinde die alte Normung
durch die künstlerisch überhöhte Verformung.
Er macht aus meinem Kopf ein Quadrat
und verpasst dem Körper ein neues Format,
mein Gesicht wird von bunten Blättern umhüllt
und das ganze Porträt mit Klecksen gefüllt.
Als es zuhaus hing an der Wand,
hat mich nicht mal meine Frau erkannt.

Burg Graudenz,

RITTERSPIELE

Ritterliche Kampfesspiele
gab es im Mittelalter viele,
Turniere wurden sie genannt,
beliebt im ganzen Abendland.
So fand auf einer Burg am Rhein
sich einst ein junger Ritter ein,
damit er sich zu Fuß und Pferd
standesgemäß im Kampf bewährt.
Auch vor den Augen junger Damen
wollt' er sich machen einen Namen,

denn diese Burg, sehr voll geparkt,
war gleichzeitig auch Heiratsmarkt.
Nicht nur im Gebrauch der Waffen,
auch in der Liebe wollt' er sich Erfahrung
verschaffen.
Man überließ ihm ein Gemach
unter dem eine Kemenate lag.
Und in dieser Kemenate
wohnte die schöne Frau Renate,
die oft auf dem Balkone saß,
wo sie die Minne-Bücher las.
Die Frau wollt' er nicht nur betrachten,
sondern auch bei ihr mal übernachten
zumal, wie er heraus bald fand,
nachts die Balkontür offenstand.
Und in einer tiefschwarzen Nacht
hat er sein Fenster aufgemacht,
ist zum Balkon hinabgesprungen
– der Sprung ist tatsächlich gelungen –
doch unten ist er sehr verdutzt,
weil man den Platz auch anders nutzt.
Von einer Wand zur andren Wand
sind Wäscheleinen ausgespannt.
Der Raum ist mächtig eingeschränkt,
weil alles voller Wäsche hängt.
Nacht und Wäsche gleichermaßen
ihn darin verirren lassen.
Als er die Leinen überklettert,
hat er sich hoffnungslos verheddert.

Am Ende sitzt er völlig fest,
gefangen nun im eignen Nest.
Rumoren macht Renate wach,
zur Zofe spricht sie: Sieh mal nach
wer hier inmitten dieser Nacht
auf dem Balkon Gewese macht.
Die Zofe sagt: Der Herr von oben
hat sich in uns'rer Wäsche verwoben.
Das schließt Renate gänzlich aus
in diesem ehrenwerten Haus.
Ein Edelmann, der tut doch nicht
was Ehr' und Anstand widerspricht.
Das ist bestimmt ein böser Knecht
der sich zu solcher Tat erfrecht.
Man soll den Kerl nicht laufenlassen
ohne ihm eine Tracht Prügel zu verpassen.
Und von der Dunkelheit verhüllt -
hat ihr Diener den Auftrag sofort erfüllt.
Der Ritter hat kein Turnier mehr bestritten,
ist in selbiger Nacht noch davon geritten.

Ritterfigur vom Schloss Bad Mergentheim

DAS EICHHÖRNCHEN

Ich musste einst vor vielen Jahren
berufsbedingt oft Auto fahren,
weil Tätigkeiten es ergaben
an ganz bestimmten Wochentagen.
Der Weg führte durch eine Stadt,
die baulich viel zu bieten hat,
so einen Park, zentral gelegen,
mit schönen Baumgruppen und Wegen.
Um den mir näher anzusehen,
ließ ich dereinst mein Auto stehen,
begab mich in den Park hinein
und war dort plötzlich ganz allein,
was von der Tageszeit abhing,
wo man noch nicht spazieren ging.
Ich musste nicht sehr lange gehen,
um eine Gartenbank zu sehen,
die unter einem Blätterzelt
zum Ausruhen war aufgestellt.
Im kühlen Schatten angenehm
mach ich mir's auf der Bank bequem
und bin auf einmal sehr verdutzt,
weil diese Bank noch jemand nutzt.
Ein Eichhörnchen schaut groß mich an,
dass ich es kaum begreifen kann,
es hat mich wohl sehr früh gewittert,
weil's von Passanten angefüttert,
die Menschennähe ist gewohnt

und hofft nun, dass man es belohnt.
Doch ich hab keine Nuss bei mir,
wie gerne gäb' ich sie dem Tier.
Es nimmt mir meinen Geiz nicht krumm,
tobt munter auf der Bank herum,
sitzt plötzlich auf der Schulter mir,
so nah war dort mir nie ein Tier.
Sein Schwanz berührt mein Angesicht,
wenn ich 's erzähl, man glaubt mir 's nicht.
Es muss mir grenzenlos vertrauen,
ich kann nur staunen, kann nur schauen,
und schnell, nach wenigen Sekunden,
ist dieses Tier wieder verschwunden.
Nachdenklich lässt es mich zurück:
was wäre es doch für ein Glück,
könnt' man fortan so voll Vertrauen
jedem Fremden in die Augen schauen.

Unser Eichhörnchen arbeitet für den Nestbau

Ausflugsdampfer auf der Warnow

DER SPLEEN

Ein Kaiser, der auch König war, regierte in
Berlin,
doch was die Seefahrt anbelangt, da hat er
einen Spleen.
Die Ostsee, die genügt ihm nicht, sie ist ihm
viel zu klein,
er will auch noch die Nordsee haben und herr-
schen ganz allein.
Das passt der Seemacht England nicht, die ist
da schon präsent,
und sieht im deutschen Kaiserreich den bösen
Konkurrent.

„Unsere Zukunft liegt auf dem Wasser" der
Kaiser proklamiert
und hat die deutsche Wirtschaft auf den
Schiffbau konzentriert.
Die Kriegsflotte sein Hobby ist, die Werften
stocken auf,
und jede Woche sieht man ihn bei einem Sta-
pellauf.
Doch bei dem Schiffbau bleibt es nicht, die
Mode stimmt mit ein
und macht mit der Matrosenkluft schon kleine
Jungen fein.
Der Kaiser zieht sich häufig um, hat Unifor-
men ohne Zahl,
am liebsten aber zeigt er sich jetzt als ein Admi-
ral.
Der Spruch, dass Kleider Leute machen, ·
stimmt hier nicht unbedingt,
weil dieser eitle Admiral sein Schiff zum Sinken
bringt.
Neunzehnhundertachtzehn schleicht er sich
von Bord und muss nach Holland fliehn, und
die Geschichte spült ihn fort samt seinem
Seemacht-Spleen.

Cospudener See Idylle

SCHWANENGESANG

Ein Singschwan hatte die Idee
'nen Chor zu gründen auf dem See.
Es war der Schwan aus „Lohengrin",
der Wagners Opern-Kahn muss zieh'n,
Begründer einer Tradition,
die hier besteht seit Jahren schon.
Der große Singschwan-Massenchor
begeistert die Zuhörer nach wie vor
und um den ganzen See herum
versammelt sich das Publikum.
Auch wenn die Abflugzeit beginnt,
der Schwanengesang kein Ende nimmt.
Zum Vogelzug hoch aufgeschwungen,
wird sogar noch während des Flugs gesungen.

WOLFGANG

Ein Wolf ging einen Gang entlang,
da wurde ihm die Weile lang,
er kehrte in ein Gasthaus ein,
betrank sich dort mit Bier und Wein,
benebelt kroch er aus dem Haus
und schlief sich vor der Kneipe aus.
Den Gang, wo man den Schläfer fand,
hat man seitdem „Wolfgang" genannt.
Als Straßenname deklariert,
wird er im Ort auch akzeptiert.

Wittstock/Dosse, Baderstraße

WIND IM HAUS

Einer Hausfrau, die Kartoffeln schält,
der wird vom Wind ein Lied erzählt
von einer Dame, schön und jung
und ihrem letzten Seitensprung.
Da fühlt die Hausfrau sich erkannt,
das Messer fällt ihr aus der Hand,
vorbei ist es mit ihrer Ruh,
blitzschnell macht sie das Fenster zu
und hat dem Wind den Weg verwehrt,
damit es nicht ihr Mann erfährt.

SAUBERKEIT

Sauberkeit ist angesagt
und heute mehr denn je gefragt,
doch soll man sie nicht übertreiben
und immer auf dem Teppich bleiben,
sonst artet Sauberkeit im Haus
am Ende noch in Terror aus.
Der Fall betrifft mich ganz persönlich,
denn berufsbedingt komm ich gewöhnlich
des Abends oftmals spät nach Haus
und ruh mich dafür morgens aus.
Doch in Bezug auf Morgenruh
ist neuerdings die Klappe zu.
Das liegt an der Frau Saubermann,
die kürzlich einzog nebenan,
denn meine neue Nachbarin
hat nur die Sauberkeit im Sinn,
die sie auch maßlos übertreibt,

egal zu welcher Tageszeit.
Kaum sind die Nachtstunden verronnen,
wird schon mit Staubsaugen begonnen.
Und das geschieht an allen Tagen
und ist ja kaum noch zu ertragen.
Wo kommt der viele Staub nur her,
der täglich abzusaugen wär?
Hält keinen Hund, hat keinen Mann
der Dreck ins Haus ihr schleppen kann.
Wie hält ihr Teppich das nur aus
bei der Traktur tagein, tagaus?
Der wird mit jedem Tag doch dünner
in diesem stark besaugten Zimmer,
am Ende ist, so scheint es mir,
er dünner als ihr Briefpapier.
Ist diese Arbeit dann getan,
kommt gleich ihr Bettvorleger dran,
den klopft sie aus auf dem Balkon,
die Schwalben fliegen gleich davon,
denn ihre Schläge sind so laut,
dass jeder gleich nach oben schaut.
Doch Staub sieht man dort oben nicht,
wo sie das arme Ding verdrischt.
Danach muss sie zwei Waschmaschinen
in ihrem großen Bad bedienen.
Wo kommt denn nur die Wäsche her,
die täglich dort zu waschen wär?
Ich nehme an, Frau Saubermann,
die zieht sich ständig um und an,

fühlt ihrem Namen sich verpflichtet,
wonach sie sich auch peinlich richtet,
denn gleich nach ihrem Mittagessen,
ist sie auf Küchenreinigung versessen.
Die Spülmaschine wird bestückt,
der Küchentisch zurecht gerückt,
es klirren Gläser, Teller, Tassen,
nichts wird am Herd zurückgelassen
auf dem das heiße Wasser zischt,
der Fußboden wird aufgewischt,
die Kachelwand wird blank poliert,
der Türdrücker desinfiziert.
Die Sauberkeit ist übermächtig
und nahezu rekordverdächtig.
Solch ein Gebaren liegt mir fern,
doch wüsste ich nur allzu gern,
ob sie die Putzsucht, die nie endet,
auch auf der eignen Haut anwendet,
dann putzt sie wohl, o Graus, o Schreck,
sich eines Tags noch selber weg.

Hausarbeitsgeräte im Haushalt vom Autor

Leiter im Haushalt vom Autor

LEITER

Nützlich ist im Haus die Leiter,
sie bringt in jedem Fall uns weiter
wird sie nur sicher aufgestellt,
damit kein Mensch herunterfällt.
Zum Aufstieg muss man sie benutzen
beim großen Deckenlampen putzen,
und schachtet man 'ne Grube aus:
mit Leiter rein, mit Leiter raus.
Die Richtung ist stets programmiert,
weil sie nur auf- oder abwärts führt.
Eine Sprossenleiter zum horizontalen Umrun-
den
wurde bislang noch nicht erfunden,
ist auch nicht nötig, denn im Garten und Haus
kommt man mit Bock- und Anlegeleiter aus.
Jedoch die örtliche Feuerwehr
benötigt noch eine Leiter mehr.
Schon als Kinderspielzeug auf dem Auto mon-
tiert,
hat sie ganze Jahrgänge fasziniert.
Ausziehbar und bedienungsleicht,
sie im Brandfall die hohen Etagen erreicht.
Den Einsatz dieser Feuerwehrleiter
befiehlt im Ernstfall der „Feuerwehrleiter".
Dieses Wort mit zweierlei Bedeutung
verlangt die nötige Erläuterung.
Wie es richtig zu verstehen wär'

entscheiden die Wörter „die" und „der".
Dem Worte „Leiter" voran gestellt,
wird sofort der Sachverhalt erhellt,
denn „die" und „der" Leiter – ich sag es ganz ehrlich –
sind in diesem Falle wohl unentbehrlich.

Warnow in Warnemünde

WASSERSTRASSE

Auf den Straßen der Stadt kann man gehen
und stehen,
auf den Wasserstraßen jedoch kann das Stehen
nicht gehen,
es sei denn, man schafft sich Geräte an,
auf denen man dort gehen und stehen kann.
In den Städten gibt es Straßen und Gassen,
man kann sie durchwandern und wieder verlas-
sen.
Auf der Wasserstraße geht so etwas auch,
doch das Wort „Wassergasse" ist nicht im Ge-
brauch.
„Wasserstraße" ist ein fester Begriff,

aber auf der „Wassergasse", da ankert kein
Schiff.
Da ich am Wasser aufgewachsen bin
zieht's mich zu jedem Wasser hin.
Ich liebe deshalb ohne Maßen
das Wohnen an den Wasserstraßen.
Doch nicht für immer und am selben Ort
mein Wandertrieb, der treibt mich fort!
Das eigne Haus, der eigne Herd
auf dem Wasser ist erstrebenswert,
drum setz ich mir zum Wohnungsziel
ein „Wasserstraßen-Wohnmobil".

Am Plessowsee nahe Werder/Havel

DIE FORELLE

Auf einem Bächlein helle
fuhr ich mit der „Forelle",
so hieß mein kleines Paddelboot,
das Platz für zwei Personen bot.

Direkt am Bächlein helle
lag eine Badestelle,
dort legte ich 'ne Pause ein,
sprang in die kühle Flut hinein.

Doch aus dem Bächlein helle
taucht plötzlich auf Marielle,
die hat sich hier im Bad erfrischt,
mich gleich erkannt und rausgefischt.

Sie bot sich auf der Stelle
mir an als Bootsgeselle,
und mit doppelter Muskelkraft
haben wir die Fahrt stromauf geschafft.

Trotz mancher Bachstromschnelle
erreichten wir die Quelle,
darinnen lag in sanfter Welle
'ne wunderschöne Bachforelle.

Die ließen wir im Bächlein drin,
nach Angeln stand uns nicht der Sinn.

Und als die Sonne grelle
uns rückte auf die Pelle,
da ging's im Boot „Forelle"
zurück zur Liegestelle
ganz ohne Zwischenfälle.

DER ARCHIVAR

Der Archivar, das ist ein Mann,
der kein Papier wegwerfen kann,
so auch das viele Schreibpapier
Format A5 und meist A4,
womit Behörden in unseren Tagen
oftmals die armen Bürger plagen.
Der Briefempfänger ist verdrießt,
wenn er das Wort „Finanzamt" liest.
Auch ist es mit dem Spaß vorbei,
steht auf dem Umschlag „Polizei".
Oft droht man mit Gerichtsverfahren,
und kommt's dazu, auch noch nach Jahren,
kann so ein Schriftstück wichtig sein,
und das Gericht behält es ein,
man legt es neben andren Fakten
nach dem Prozess dann zu den Akten
und landet so beim Archivar,
auf dass er 's im Archiv verwahr.
Bei ihm bleibt der Papierkorb leer,
weil gar nichts wegzuwerfen wär.
Vom Brief bis zur Notiz am Zeitungsrand
garantiert der Archivar den Fortbestand.
Die Sorgfalt wendet unser Mann
dann auch in seinem Privatleben an.
Nichts wird dort achtlos weggeschoben,
Fahrscheine werden aufgehoben,
Briefe sorgsam deponiert,

Rechnungen genau sortiert,
Aktenordner hoch an Zahl
füllen dort sein Wandregal.
Übermäßig und genau
handelt gleichsam seine Frau,
bevor was im Papierkorb endet,
wird es dreimal umgewendet,
letztendlich entscheidet dann ihr Mann
was man aufhebt und was man wegtun kann.
Nur ein einziger Fall ist mir bekannt,
wo er sich selber überwand:
Als ihm ein alter Freund geschrieben,
wo sie sich einst herum getrieben
und dabei auch genannt die Namen
 von damals stadtbekannten Damen,
da hat den Brief er kurzerhand
im Wohnzimmer-Kamin verbrannt.

Potsdam Golm

LEBENSLAUF

Des Menschenlebens Ab und Auf
bezeichnet man als Lebenslauf,
doch dieser wird zum Gegenstand,
wenn man ihn schreibt mit eigner Hand
oder maschinell erstellt
damit auch seine Form gefällt
für die Bewerbungs-Unterlagen,
die man verlangt in unsren Tagen.
Schon in der Schule lernt das Kind,
wie solche anzufertigen sind.
Man stelle überzeugend dar
wer man jetzt ist und wer man war,
wofür man sich so interessiert
und welch Berufsziel anvisiert,
dabei sich auch nicht überschätzen
und seine Worte sorgsam setzen.
Wer sich jedoch als Supermann
darstellt und gibt mächtig an,
der sollte auch gewärtig sein,
dass keiner will ihn stellen ein,
denn Ärger hat er im Gepäck,
und den steckt man so schnell nicht weg.
Reden kann er noch von Glück,
wenn die Bewerbung kommt zurück.
Verbessert kann er sie verwenden
und anderweitig noch versenden.
Vielleicht schließt dann der Lebenslauf
die Tür zum Weiterkommen auf.

ZEITZEUGEN

Das kleine Wörtchen „zeugen"
ist kritisch zu beäugen,
denn in dieser Wortgestalt
verbirgt sich zweierlei Gehalt.
So kann man zeugen vor Gericht
und Kinder zeugen oder nicht.
Der Richter kommt in Schwierigkeiten,
wenn sich die Zeugen um das Zeugen streiten.
Hilfreich wäre, wenn er vorher klärt,
wie man mit diesem Wort verfährt:
Zeugen soll hier „bezeugen" bedeuten,
die andere Erklärung überlässt er den Leuten.
Der „Zeitzeuge" kann keine Zeit erzeugen,
bestenfalls Erlebtes nur noch bezeugen.
Auf der großen Leiter der Zeit
steigt er hinab in die Vergangenheit
und befördert an das Tageslicht
Material für seinen Zeitzeugenbericht.
Im Vorteil ist der Biograph,
der aufschreibt, was ihm selbst betraf.
Wer etwas kühner geht heran,
verformt die Chronik zum Roman.
Lebensläufe ohne Zahl
sind stets verfügbares Material.

Das große Magazin der Zeit
hält dafür reichlich Stoff bereit.
Zeitzeugnis ist ein weites Feld
das unterschiedlich wird bestellt.
Wird gutes Saatgut ausgewählt,
wächst mit ihm auch die Qualität.
Inhalt und Form im Gleichgewicht
die Leserschaft spontan anspricht.
Wer inhaltsarm Allgemeines beschreibt,
die Leserschaft spontan vertreibt.
Doch eh mein Schreiben ich beende
den Blick nochmal zum Anfang wende.
Die Rede war da vom Worte „zeugen"
und seinem kritischen beäugen,
dass Vorsilben den Sinn erhellen
und manche Handlung richtigstellen,
mit „ER" wurde dann „ERZEUGEN",
und mit „BE" das Wort „BEZEUGEN".
Daraus erkennt auch jedes Kind,
dass Vorsilben sehr wichtig sind,
„überzeugt" ist damit jeder Mann,
dass er „erzeugen" und sein „Zeugen"
auch noch „bezeugen" kann.

Elternhaus des Autors - Baujahr 1618

Geburtshaus des Autors in Tangermünde

Sonnenaufgang bei Hiddensee

ZUKUNFT

Ich weiß woher der Wind jetzt weht,
ich glaub was in der Zeitung steht
bezogen auf den Wetterbericht,
der meistens hält, was er verspricht.
Das kann ich nicht von denen sagen,
die in der Welt das Sagen haben.
Davon berichtet das erste Blatt,
das meine Tageszeitung hat.
Alle Artikel lese ich kritisch,
denn keine Zeitung ist unpolitisch.
Deren Meinung muss man nicht teilen,
denn das Wichtigste steht sowieso zwischen
den Zeilen.
Egal was die Zeitungs-Apostel predigen,
die Probleme der Welt wird der Fortschritt
erledigen.

Die Elektronik hat bereits unsre Welt gefangen
und deutet an, wohin wir noch gelangen.
Wird nur der richtige Code eingegeben,
bestimmen Computer das tägliche Leben.
Was früher fleißige Hände taten,
regeln in Zukunft nur noch Automaten.
Produkte gibt 's dann im Überfluss,
man lebt nur noch für den Genuss.
Doch wie bislang im Menschenleben
wird es immer Faule und Fleißige geben,
auch Kluge und Dumme gleichermaßen
werden bevölkern Plätze und Straßen.
Die Klugen betrachten die Welt als Bewährung,
stärken Körper und Geist und reduzieren ihre
Ernährung.
Die Dummen bleiben lange im Bett
und werden dabei faul und fett.
Ganz gleich, was immer mag geschehen,
die Erde wird sich weiter drehen.

ERKENNTNIS

Forschendes Fragen und Streben
wird ewig die Menschheit bewegen.
Wo kommen wir her, wo gehen wir hin,
und worin liegt schließlich des Lebens Sinn?
Doch vor jedem Spekulieren
ist unabdingbar das Orientieren,
und zwar an jenem alltäglichem Rahmen
in dem wir uns zu bewegen haben
im Sinne einer besseren Welt,
die auch nachfolgenden Generationen gefällt.
Im Idealfall stelle sich jeder so ein,
als würde er für die Zukunft verantwortlich
sein.
Um diesen Zustand zu erhalten,
muss man wohl vieles umgestalten,
umgestalten und dennoch erhalten.
Bodenschätze schwinden, Ozeane steigen,
wie die Erde dann aussieht, wird sich bald
zeigen.
Die Erderwärmung steigt enorm,
der Erdball hat Kartoffelform.

Gleise – nahe Hauptbahnhof Halle/Saale

EIN IGEL

Ein Igel saß vor einem Spiegel
und wollte seine Stacheln zählen.
Als diese hundert übertrafen
ist er dabei eingeschlafen.
Hätte er in diesem Buch gelesen,
dann wär' er jetzt noch wach gewesen.

Bildnachweis:

Alle Fotos sind Eigentum von Iris Zimpel
(Ehefrau des Autors).
Den fliegenden Schwan zeichnete Anke Zimpel
(Tochter des Autors).
Die große Buche auf dem Bucheinband steht
in der Potsdamer Waldstadt in unmittelbarer
Nähe der Wohnung des Autors.